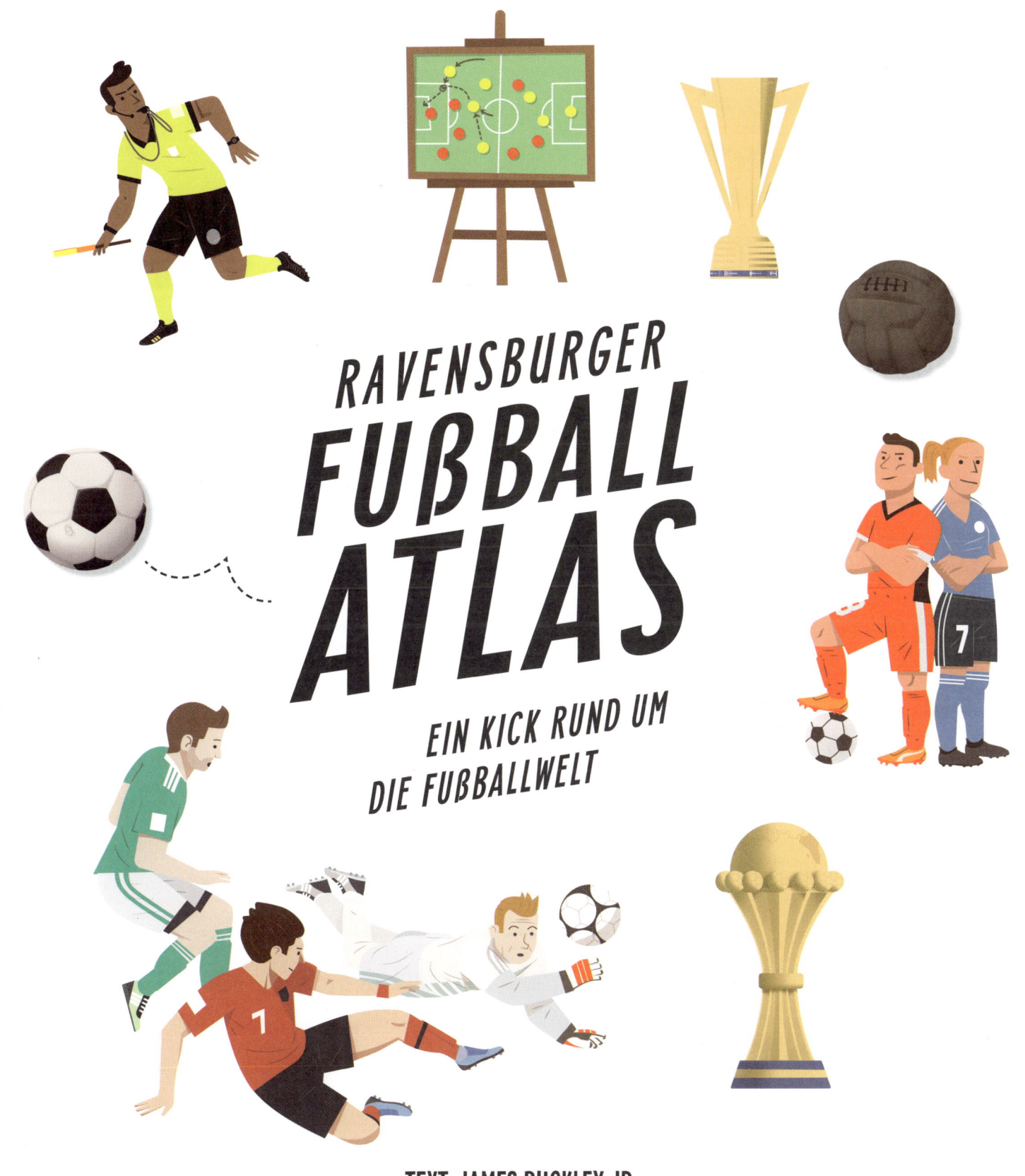

RAVENSBURGER FUßBALL ATLAS

EIN KICK RUND UM DIE FUßBALLWELT

TEXT: JAMES BUCKLEY JR.
ILLUSTRATIONEN: EDWARD ALTARRIBA

RAVENSBURGER

IMPRESSUM

5 4 3 2 1
Deutsche Ausgabe
©2022 Ravensburger Verlag
Postfach 2460, 88194 Ravensburg
Alle Rechte, auch die des auszugsweisen Nachdrucks,
der fotomechanischen Wiedergabe und der Übersetzung vorbehalten.

MIX
Papier aus verantwor-
tungsvollen Quellen
FSC™ C007207

Titel der Originalausgabe: Football Atlas: A Journey across
the World and onto the Pitch
Zuerst erschienen 2021 bei QED Publishing,
ein Imprint von The Quarto Group
The Old Brewery, 6 Blundell Street, London, N7 9BH, Großbritannien

Rechte der Originalausgabe:
©2021 Quarto Publishing plc
Text: James Buckley Jr.
Illustrationen: Eduard Altarriba

Übersetzung: Karin Ehrhardt
Satz und technische Umsetzung: Sabine Dohme

ISBN 978-3-473-48054-8

ravensburger.com

INHALT

Hallo Fußballfans, hier beginnt unsere Reise rund um die bunte Welt des Fußballs. Macht's euch bequem und auf geht's in die entferntesten Winkel des großen Balls namens Erde!

SPIEL FUSSBALL!

Auf dem großen Ball namens Erde kannst du überall auf fußballbegeisterte Menschen treffen. Kicken ist die populärste Sportart der Welt! Die Regeln sind einfach: Alles, was du dafür brauchst, ist ein Ball. Du kannst das runde Leder fast mit allen Körperteilen (außer mit Armen und Händen) über das Feld kicken, schieben oder köpfen, um ihn schließlich ins Tor zu befördern. In diesem Buch triffst du viele historische und aktuelle Fußballstars, und du erfährst, aus welchem Teil der großen Fußballwelt sie stammen.

WIE SAGT MAN ES AUF...

In den meisten Ländern der Welt heißt der Sport „Fußball". In den USA, in Kanada und einigen anderen kennt man ihn als „soccer". Viele Sprachen haben ein eigenes Wort dafür. Hier sind ein paar Beispiele:

„fútbol"	Spanisch
„calcio"	Italienisch
„nogomet"	Kroatisch
„jalkapallo"	Finnisch
„pel-droed"	Walisisch
„chuggu"	Koreanisch
„kurat alqadam"	Arabisch
„mpira wa miguu"	Swahili
„whana poikiri"	Maori
„zuqiu"	Chinesisch (Mandarin)

KLUB ODER NATION

Die besten Kicker spielen als Profis in Fußballvereinen. Die Vereine bezahlen ihre Spieler und nehmen im jeweiligen Land an einer Liga teil. Die besten Fußballer werden zudem in die Nationalmannschaft ihres Landes berufen, um gegen andere Länderteams anzutreten. Pernille Harder spielt zum Beispiel für Chelsea in der englischen Super League. Gleichzeitig ist sie eine Topspielerin für das Frauen-Nationalteam Dänemarks. Und Neymar trägt das gelbe Trikot für Brasilien, spielt aber sonst in Frankreich für den Klub Paris Saint-Germain.

**im Trikot
der Elf
Dänemarks**

im Chelsea-Trikot

**im Trikot von Paris
Saint-Germain**

**im
Brasilien-Trikot**

WELT DES FUSSBALLS

Fußballähnliche Spiele wurden schon vor mehr als 2000 Jahren gespielt. Auch wenn die Regeln andere waren, ging es um individuelle Klasse und Mannschaftsgeist. Lass uns also einen kleinen Ausflug durch die Anfänge des Fußballs machen.

EUROPA

Vor 2300 Jahren spielten die Griechen *Episkyros*, ein Ballspiel, bei dem sich 12 bis 14 Spieler gegenüberstanden. Es war erlaubt, die Hände zu benutzen und die Gegner zu schlagen!

ASIEN

Cuju (siehe S. 26) war ein alter chinesischer Sport, der vor über 2200 Jahren gespielt wurde. Dies ist wohl die älteste Version des Fußballspiels.

OZEANIEN

Lange vor der Ankunft der Europäer spielten die Ureinwohner im Südpazifikraum schon Mannschaftsballspiele. Beim australischen *Marn Grook* wurde mit einem Ball aus Wurzeln gekickt.

NORDAMERIKA

Die indigene Bevölkerung Amerikas spielte *Pasuckuakohowog* (übersetzt etwa: „Sie kommen zusammen, um mit den Füßen Ball zu spielen"). Eine Mannschaft konnte aus bis zu 500 Spielern bestehen.

AFRIKA

Wandbilder in Gräbern und Tempeln zeigen die alten Ägypter beim Ballspiel. Die Bälle waren aus Leder und gefüllt mit Leintüchern oder Katzengedärmen.

MITTEL- UND SÜDAMERIKA

Urvölker wie die Olmeken, Inkas und Mayas spielten Ball in speziellen, von Steinmauern umrahmten Feldern. Es wird vermutet, dass die Verlierer sterben mussten!

ANTARKTIS

Das erste Fußballmatch in der Antarktis fand 1914 während einer Expedition statt, die von dem Entdecker Sir Ernest Shackleton geleitet wurde.

DER PLATZ

Egal ob im Pausenhof oder in der 1. Liga, eines brauchen die Spieler immer: ein Fußballfeld. Die Profis spielen auf Feldern, die etwa 110 m lang und 70 m breit sind. Für jüngere Mannschaften fällt der Platz kleiner aus. Es gibt Rasen- und Kunstrasenplätze. Aber weil Fußballer ihr Spiel lieben, kicken sie auf fast jedem Belag – auf Beton, nacktem Boden, Sand, Asphalt und sogar im Schnee!

Seitenlinie

Elfmeterpunkt

Torraum

Torlinie

DER STRAFRAUM

Von der Torlinie erstreckt sich der rechteckige Strafraum 16,5 m in Richtung Feldmitte. Das ist der wichtigste Teil des Fußballfelds, die spannendsten Momente des Spiels passieren meist hier. Im Strafraum darf der Torwart den Ball als Einziger mit den Händen spielen. Wird ein Angreifer im Strafraum gefoult, erhält sein Team einen Elfmeter. Er wird vom Elfmeterpunkt ausgeführt und allein vom Torhüter verteidigt.

DIE ABSEITSREGEL

Ein Spieler steht im Abseits, wenn er zum Zeitpunkt der Ballabgabe dem gegnerischen Tor näher ist als der Ball und der vorletzte Gegenspieler (den Torwart mitgezählt). Ein Spieler darf den Ball also nicht annehmen, wenn sich nicht mindestens zwei gegnerische Spieler auf gleicher Höhe oder zwischen ihm und dem Tor befinden, es sei denn, es handelt sich beim Zuspiel um einen Rückpass.

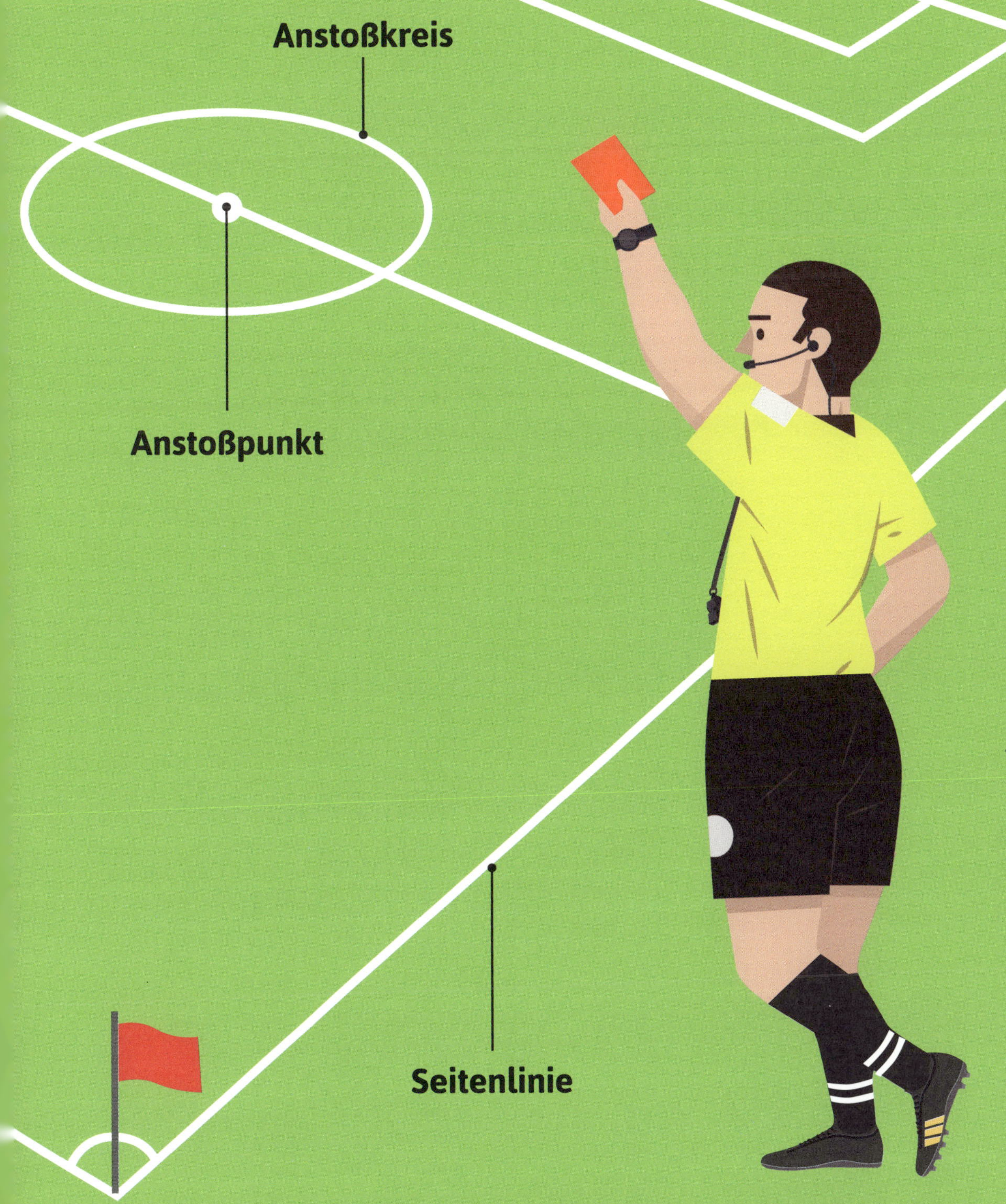

Anstoßkreis

Anstoßpunkt

SCHIEDSRICHTER

Drei Personen achten auf die Einhaltung der Spielregeln: Der Schiedsrichter läuft über das Fußballfeld. Wenn er ein Foul sieht, pfeift er und das Spiel wird unterbrochen. Die beiden Schiedsrichterassistenten (Linienrichter) laufen entlang der Seitenlinien und passen auf, ob Spieler im Abseits stehen oder wer den Ball ins Aus spielt.

Seitenlinie

BALL IST NICHT GLEICH BALL

Seit Tausenden von Jahren kicken Menschen alle möglichen Bälle herum. Als das Fußballspiel langsam etwas geregelter wurde, brauchte es aber einen „vernünftigen" Ball. Auf diesen Seiten kannst du sehen, wie sich das Spielgerät im Lauf der Jahre veränderte. Auch heute noch arbeiten Wissenschaftler weltweit daran, den perfekten Ball zu entwickeln!

1850

Die frühen Fußbälle bestanden aus Tierblasen, die mit Stoff oder Leder ummantelt waren. Um 1850 herum wurde zum ersten Mal Gummi benutzt – eine technische Revolution.

1930

Besseres Leder und engere Stiche halfen in den ersten Jahrzehnten des 20. Jahrhunderts, den Fußball zu verbessern. Man stellte die Bälle jetzt in helleren Farben her, damit Fans und Spieler sie besser sehen konnten. Die Zahl der Panels schwankte zwischen 6 und 18.

1880

Um 1880 wurde die Ballgröße in die FIFA-Regeln aufgenommen: 68 bis 70 cm Umfang durfte er haben. Zusammengenähte Lederflecken (Panels) umgaben einen mit Luft gefüllten Gummikern. Aber die Naht war noch auf der Außenseite und beeinflusste die Flugeigenschaften des Balls.

1970

Der Erfinder Buckminster Fuller lieferte die Idee für das bekannteste Fußballmuster. Auf dessen Grundlage entstand ein Ball aus 20 weißen Sechs- und 12 schwarzen Fünfecken. Richtig zusammengesetzt bilden sie eine Kugel. Dieser Klassiker wurde zur WM 1970 in Mexiko vorgestellt.

2020

Jedes Jahr testen Designer neue Zusammensetzungen von Formen, Farben, Panels und Mustern. Dieser Ball, der in der englischen Premier League benutzt wird, hat Dutzende kleiner, in die Panels geprägter Rillen.

2010

Für die WM 2010 gingen die Designer zu weit! Der „Jabulani" hatte acht unterschiedlich große Panels und seine Oberfläche war aufgeraut. Viele Profi-spieler fanden diesen Ball nicht gut und meinten, er würde durch die Luft eiern.

2006

Der Einsatz von computergestütztem Design und Wärme-technik markierte einen großen Entwicklungssprung. Die Lederpanels wurden nicht mehr zusammengenäht, sondern auf den Stoff, der den Gummikern umgab, mittels Hitze gepresst. Daraus ergaben sich viele neue Gestal-tungsmöglichkeiten zur Anordnung der Panels.

2014

Der „Brazuca", der WM-Ball für 2014, hatte nur sechs Panels. Er wurde sehr beliebt und kommt noch heute rund um die Welt zum Einsatz.

STADIEN

Fußballstadien sind berühmt wegen ihrer Größe, ihres Aussehens oder der bedeutenden Spiele, die dort stattgefunden haben. Heute spielen die Spitzenteams weltweit in bestens ausgestatteten Stadien, die beheizte Rasenflächen haben und für Zehntausende von Fans einen überdachten Sitzplatz bereithalten.

AUF DIE LAGE KOMMT ES AN!

Manche Stadien entstanden an ungewöhnlichen Orten:

- Das Spielfeld im Marina Bay Floating Stadium wurde auf einer Plattform in einer Meeresbucht in Singapur errichtet. Die 9.000 Zuschauer sitzen auf dem Festland.

- Felsenfest: Das Braga Municipal Stadion in Portugal wurde an einem Ende buchstäblich in die Felsen eines ehemaligen Steinbruchs gehauen.

- Das alte Stadion des Yeovil FC in England hatte eine schräge Spielfläche. Manche behaupteten sogar, die Eckfahne sei auf gleicher Höhe gewesen wie die Querlatte!

AZTEKENSTADION
Ort: Mexiko-Stadt, Mexiko
Zuschauer: 87.000
Eröffnung: 1966

MARACANÃ-STADION
Ort: Rio de Janeiro, Brasilien
Zuschauer: 175.000
Eröffnung: 1950

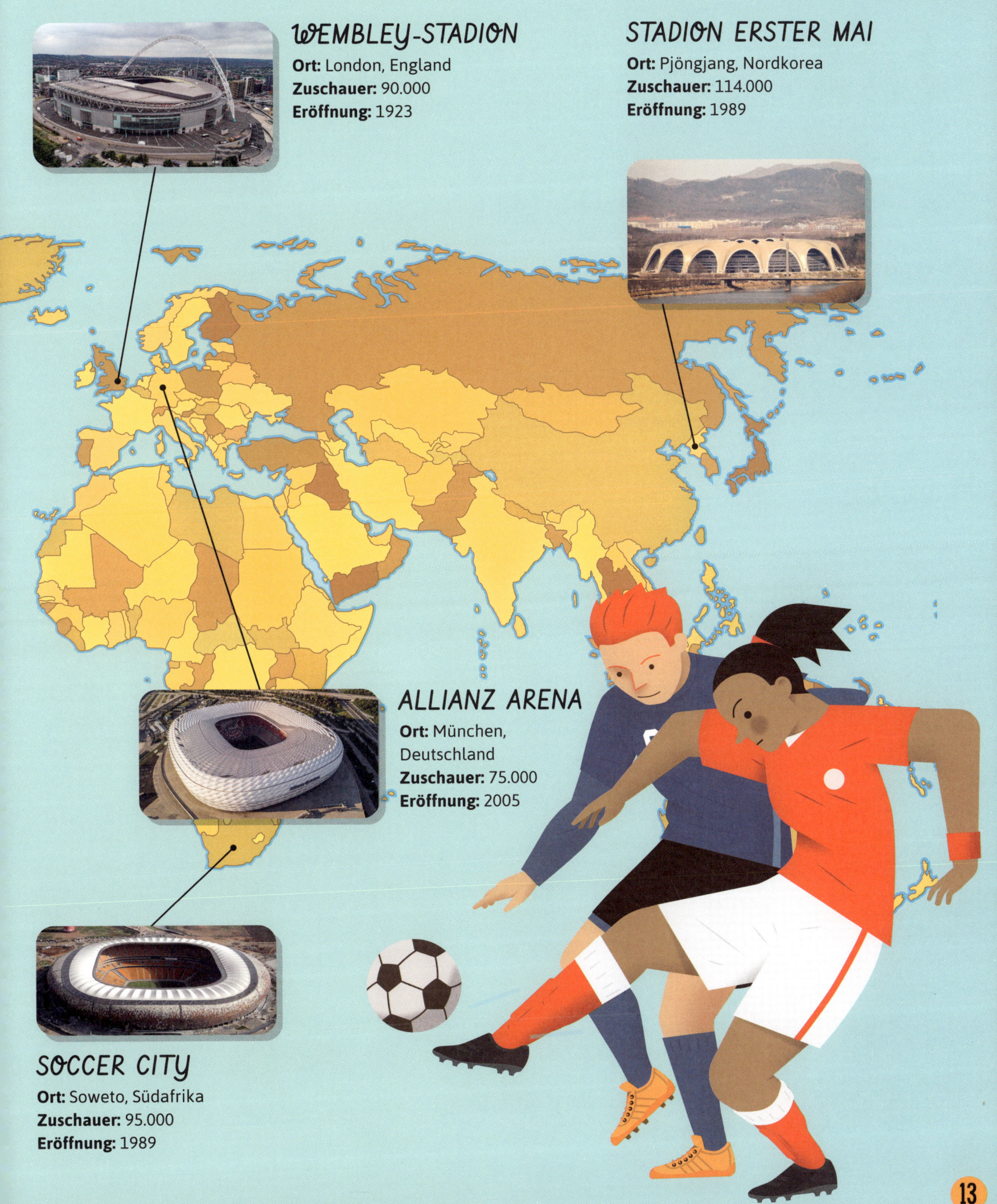

WEMBLEY-STADION

Ort: London, England
Zuschauer: 90.000
Eröffnung: 1923

STADION ERSTER MAI

Ort: Pjöngjang, Nordkorea
Zuschauer: 114.000
Eröffnung: 1989

ALLIANZ ARENA

Ort: München, Deutschland
Zuschauer: 75.000
Eröffnung: 2005

SOCCER CITY

Ort: Soweto, Südafrika
Zuschauer: 95.000
Eröffnung: 1989

FIFA

Die Fédération Internationale de Football Association*, kurz FIFA, ist der Dachverband des Weltfußballs. Der Name bedeutet übersetzt: Internationaler Bund des Verbandsfußballs. Die FIFA wurde 1904 gegründet, in einer Zeit, als die Sportart immer beliebter wurde. Eine Organisation wurde nötig, die internationale Begegnungen, aber auch nationale Mannschaftsturniere planen konnte. Die FIFA bekam auch das letzte Wort, wenn es um Spielregeln ging. Es sollten schließlich alle auf der ganzen Welt nach denselben Regeln spielen. 2021 waren 211 nationale Verbände Mitglied in der FIFA.

FIFA-MITGLIEDER

Auf dieser Weltkarte siehst du die Länder, die aktuell Mitglieder der FIFA sind.

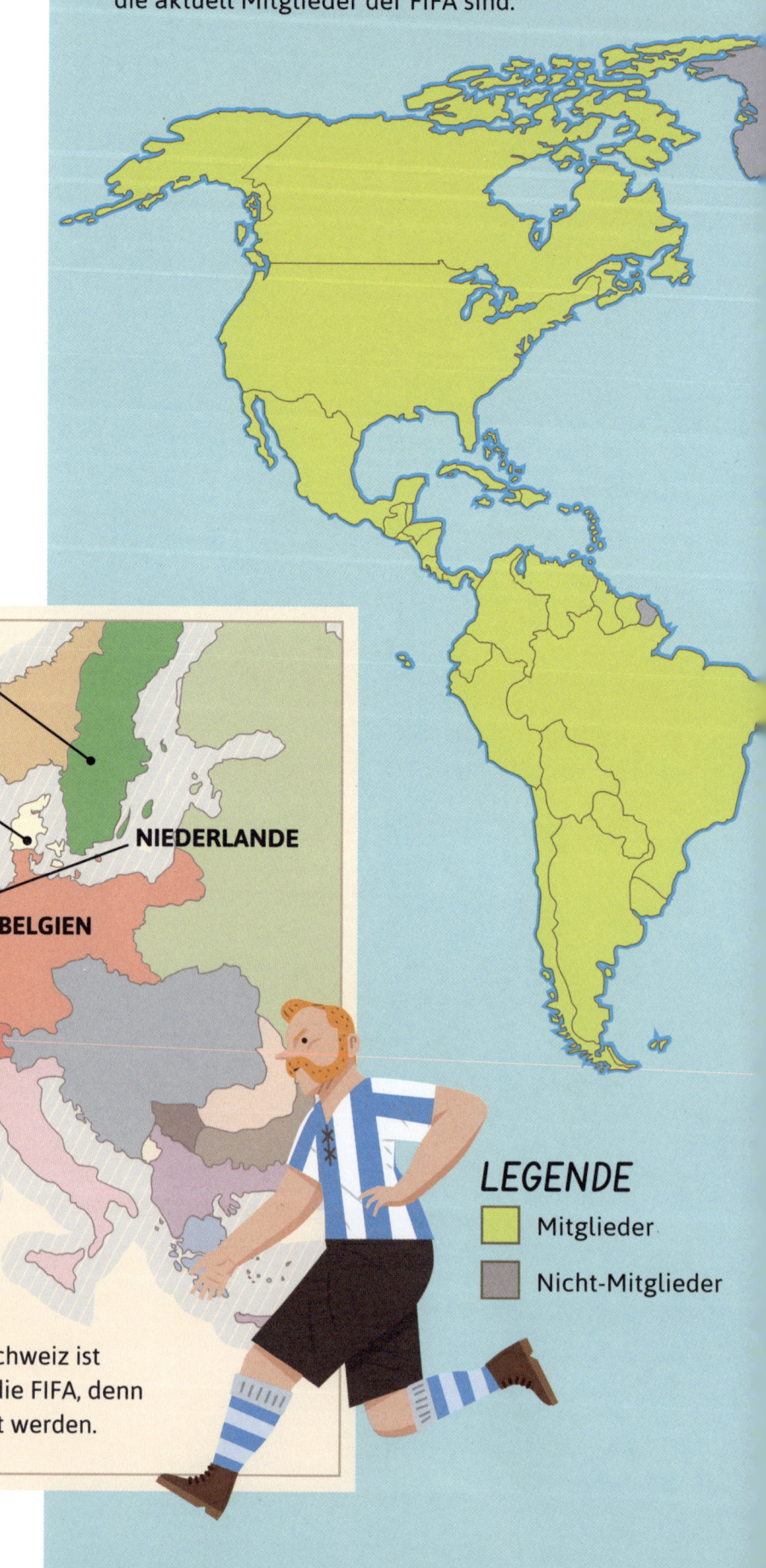

DIE GRÜNDER

Diese sieben europäischen Länder gründeten die FIFA im Jahr 1904:

SCHWEDEN

DÄNEMARK

NIEDERLANDE

BELGIEN

FRANKREICH

SPANIEN

SCHWEIZ

LEGENDE

- Mitglieder
- Nicht-Mitglieder

HAUPTQUARTIER

Der Sitz der FIFA ist im schweizerischen Genf. Die Schweiz ist politisch neutral und somit der ideale Standort für die FIFA, denn auch im Fußball soll kein Land bevorzugt behandelt werden.

*Im Englischen wurde Fußball anfangs Association Football (Verbandsfußball) genannt, in Abgrenzung zu Rugby-Football und anderen fußballähnlichen Spielen. In Amerika heißt der Fußball „soccer", weil „assoc." die Abkürzung für „association" ist!

DIE FIFA BESTIMMT DIE REGELN WELTWEIT.

LASST UNS REIN!

Die FIFA hat mehr Mitglieder als die Vereinten Nationen: 211 zu 193. Diese Länder sind in der UNO, aber nicht in der FIFA – noch nicht!

- Kiribati
- Marshallinseln
- Mikronesien
- Monaco
- Nauru
- Palau
- Tuvalu
- Vatikanstaat

FIFA-GROSSEVENTS

- Fußball-WM der Männer
- Fußball-WM der Frauen
- WM U-20 (M/F)
- WM U-17 (M/F)
- Beachsoccer-WM
- Futsal-WM (Hallenfußball)
- Olympisches Fußballturnier (M/F)
- FIFA-Klub-WM

KONFÖDERATIONEN

D ie FIFA kümmert sich um die weltweiten Wettbewerbe. Innerhalb der FIFA gibt es aber noch sechs Kontinentalverbände. Die meiste Arbeit stecken die Kontinentalverbände in Begegnungen zwischen den Nationalmannschaften ihrer Mitgliedsländer, darunter auch die WM-Qualifikationsspiele, sowie in kontinentale Profiklub-Turniere. In Europa ist die UEFA beispielsweise unter anderem für die EM und die UEFA Champions League verantwortlich.

UEFA

UNION DER EUROPÄISCHEN
FUSSBALLVERBÄNDE

GEGRÜNDET: 1954

MITGLIEDER: 55

FAKT: Die UEFA veranstaltet die beliebtesten Turniere weltweit. Sie verdiente im Jahr 2019 mehr als 1,6 Milliarden Euro an TV-Rechten.

CONMEBOL

SÜDAMERIKANISCHE
FUSSBALLKONFÖDERATION

GEGRÜNDET: 1916

MITGLIEDER: 10

FAKT: CONMEBOL ist der älteste Kontinentalverband.

AFC

ASIATISCHE
FUSSBALLKONFÖDERATION

GEGRÜNDET: 1954

MITGLIEDER: 47

FAKT: Im Jahr 2006 wechsel-te Australien von der Ozeanischen Fußball-konföderation zu AFC.

OFC

OZEANISCHE
FUSSBALLKONFÖDERATION

GEGRÜNDET: 1966

MITGLIEDER: 13

FAKT: Das größte Verbands-
mitglied ist Neuseeland.

CAF

AFRIKANISCHE FUSSBALL-
KONFÖDERATION

GEGRÜNDET: 1957

MITGLIEDER: 56

FAKT: Nur drei CAF-National-
teams haben es bis jetzt in ein
WM-Viertelfinale geschafft:
Kamerun, Senegal und Ghana.

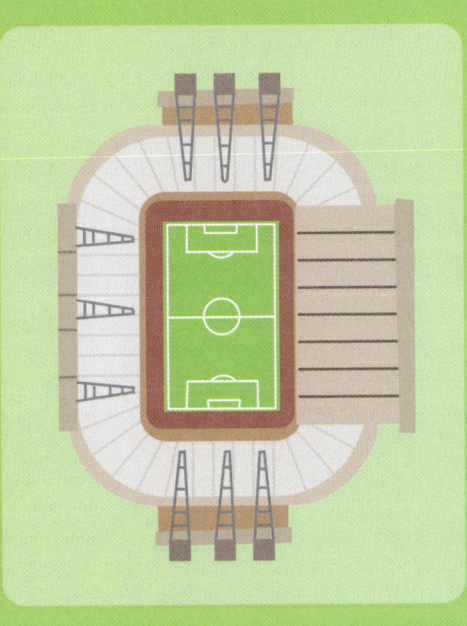

CONCACAF

NORD- UND ZENTRAL-
AMERIKANISCHE UND
KARIBISCHE FUSSBALL-
KONFÖDERATION

GEGRÜNDET: 1961

MITGLIEDER: 41

FAKT: Kein CONCACAF-Team
hat bisher eine Weltmeisterschaft der Männer gewon-
nen, aber die USA holten
vier WM-Titel bei den
Frauen.

KONTINENTALE TURNIERE

Jeder Kontinentalverband organisiert Meisterschaften, in denen die Nationalteams gegeneinander antreten und einen Kontinentalmeister ermitteln. Die meisten dieser Turniere finden nicht jährlich statt. Die Fußball-Europameisterschaft (EM) gibt es zum Beispiel nur alle vier Jahre. Für die Spieler ist es etwas ganz Besonderes, das Nationaltrikot zu tragen und das eigene Land repräsentieren zu dürfen.

GOLD CUP
CONCACAF

ZUERST GESPIELT: 1963

REKORDTEAM MÄNNER: Mexiko (11 Siege)

REKORDTEAM FRAUEN (SEIT 1991): USA (8 Siege)

FAKT: Vor dem Gold Cup gab es in Nordamerika, der Karibik und in Zentralamerika eigene regionale Meisterschaften. Am Anfang hieß das Turnier CONCACAF Nations Cup, erst 1991 wurde es in Gold Cup umbenannt.

COPA AMÉRICA
CONMEBOL

ZUERST GESPIELT: 1916

REKORDTEAM MÄNNER: Uruguay, Argentinien (je 15 Siege)

REKORDTEAM FRAUEN: (seit 1991): Brasilien (7 Siege)

FAKT: Argentinien ist neben Brasilien bislang das einzige Land, das die Copa América Femenina gewonnen hat, wie die Frauen-Meisterschaft auf Spanisch heißt. Die Argentinierinnen siegten im Jahr 2006.

OFC NATIONS CUP
OFC

ZUERST GESPIELT: 1973
REKORDTEAM MÄNNER: Neuseeland
(5 Siege)
REKORDTEAM FRAUEN: Neuseeland
(6 Siege)
FAKT: 2012 gewann Tahitis Nationalmannschaft der Männer den Pokal, als bisher einziges Land neben Neuseeland und Australien.

AFRICA CUP OF NATIONS
CAF

ZUERST GESPIELT: 1957
REKORDTEAM MÄNNER: Ägypten
 (7 Siege)
REKORDTEAM FRAUEN (SEIT 1991):
Nigeria (11 Siege)
FAKT: Der zweimalige Sieger Kongo (1968 und 1972) ist das kleinste Land, das jemals den Titel bei den Männern geholt hat.

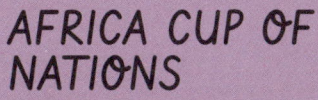

EUROPAMEISTER-SCHAFT
UEFA

ZUERST GESPIELT: 1960
REKORDTEAMS MÄNNER: Deutschland,
Spanien (je 3 Siege)
REKORDTEAM FRAUEN: Deutschland
(8 Siege)
FAKT: Anfangs wurde die Europameisterschaft noch unter dem Namen Europapokal der Nationen ausgetragen.

FIFA-WM DER MÄNNER

Die FIFA Fußball-Weltmeisterschaft ist eines der größten Sportereignisse unseres Planeten. Alle vier Jahre kämpfen Nationalmannschaften aus aller Welt um den Weltmeistertitel. Über 200 Teams nehmen an den Vorrunden teil, aber nur die 32 besten schaffen den Einzug in die Endrunde.

DIE ANFÄNGE

Die erste offizielle WM fand 1930 in Uruguay statt. Nur dreizehn Nationalmannschaften nahmen teil, viele schreckte eine weite Anreise ab. Im Endspiel besiegte Uruguay Argentinien mit 4:2 und wurde zur ersten Nation, die eine Fußball-WM gewonnen hat.

DIE GEWINNER

Nur acht verschiedene Länder haben bislang einen WM-Titel geholt. Die Gastgeber des Turniers und die Gewinner der letzten Weltmeisterschaft qualifizieren sich jeweils automatisch für die Endrunde des Turniers.

LAND	GEWINN	JAHR DER MEISTERSCHAFT
Brasilien	5	1958, 1962, 1970, 1994, 2002
Italien	4	1934, 1938, 1982, 2006
Deutschland	4	1954, 1974, 1990, 2014
Uruguay	2	1930, 1950
Argentinien	2	1978, 1986
Frankreich	2	1998, 2018
England	1	1966
Spanien	1	2010

POKAL-PROBLEME

Der erste WM-Pokal, die Coupe Jules Rimet, wurde nur Wochen vor der 1966 in London stattfindenden WM gestohlen. Ein Hund namens Pickles spürte ihn auf und bekam als Belohnung einen Hundefutter-Vorrat für ein ganzes Jahr. 1970 ging der Pokal nach dem dritten WM-Sieg dauerhaft an Brasilien, wurde aber 1983 wieder gestohlen und blieb seitdem verschwunden.
Der aktuelle Pokal, entworfen vom Italiener Silvio Gazzaniga, wird seit 1974 benutzt und besteht aus 18-karätigem Gold.

TORREKORDE

• Geoff Hurst ist der einzige Fußballer, der in einem WM-Finale drei Tore geschossen hat. Sein Hattrick trug 1966 zum 4:2-Sieg der Engländer gegen Deutschland bei.

• Der erste WM-Hattrick überhaupt gelang dem US-Amerikaner Bert Patenaude beim 3:0 der USA gegen Paraguay 1930.

• Oleg Salenko schoss bei der WM 1994 fünf Tore in einem Spiel, als Russland 6:1 gegen Kamerun siegte.

WM-GASTGEBER

Eine Weltmeisterschaft auszurichten ist eine große Ehre. Dutzende von Mannschaften und Millionen von Fans kommen in das Gastgeberland, um die Spiele live zu erleben. In der Gruppenphase spielt jedes Team drei Spiele. Dann folgt die K.-o.-Runde (nur der Sieger kommt im direkten Vergleich weiter) mit Achtelfinale, Viertelfinale, Halbfinale, bis schließlich nur noch zwei Teams übrig sind.

Kanada
(2026)

USA
(1994, 2026*)
*nach dem Stand
von 2021

Brasilien
(1950, 2014)

Mexiko
(1970, 1986, 2026*)
*nach dem Stand
von 2021

Chile
(1962)

Argentinien
(1978)

Uruguay
(1930)

WIE VIELE TEILNEHMER?

Wann	Teams
1930	13
1934 – 1978	16*
1982 – 1994	24
1998 – 2022	32
2026	48

*1950 waren es nur 15.

FUSSBALL IN DER WÜSTE?

Die Vergabe der WM 2022 an Katar, einen Wüstenstaat auf der Arabischen Halbinsel, war und bleibt umstritten. Die Bedingungen für die ausländischen Arbeiter beim Bau der sieben komplett neuen Stadien waren teilweise katastrophal. Trotz Klimaanlagen in den Stadien musste das Turnier wegen der Hitze in die Monate November und Dezember verlegt werden. Das größte Stadion in Lusail wird während des Endspiels 80.000 Fans Platz bieten.

England
(1966)

Schweden
(1958)

Deutschland
(1974, 2006)

Japan
(2002)

Schweiz
(1954)

Russland
(2018)

Südkorea
(2002)

Italien
(1934, 1990)

Katar
(2022)

Spanien
(1982)

Frankreich
(1938, 1998)

Südafrika
(2010)

STADION IN LUSAIL, KATAR

23

FIFA-WM DER FRAUEN

Obwohl die Fußball-WM der Männer schon seit 1930 ausgetragen wird, startete die FIFA die WM der Frauen erst im Jahr 1991. Am ersten Turnier nahmen nur 12 Mannschaften teil, aber 2019 waren es schon 24. Über 140 Nationalteams kämpfen in der Qualifikation darum, einen Endrundenplatz zu ergattern. In den letzten zwei Jahrzehnten ist das Interesse am Frauenfußball schlicht explodiert.

SIEGER UND ZWEITPLATZIERTE

JAHR	SIEGER	ZWEITPLATZIERTE
2019	USA	Niederlande
2015	USA	Japan
2011	Japan	USA
2007	Deutschland	Brasilien
2003	Deutschland	Schweden
1999	USA	China
1995	Norwegen	Deutschland
1991	USA	Norwegen

UNVERGESSLICHE MOMENTE

- Der Frauenfußball hat während der WM 1999 einen Riesensatz nach vorne gemacht. So viele Fernsehzuschauer weltweit wie nie zuvor verfolgten ein großartiges Turnier. Im Finale besiegten die USA China im Elfmeterschießen.

- Deutschland holte den Titel gleich zweimal hintereinander und schlug im Finale 2007 die starken Brasilianerinnen mit 2 : 0.

- Homare Sawa brachte im Finale 2011 Japan mit ihrem späten Ausgleichstreffer ins Elfmeterschießen. Der nervenstarke WM-Neuling setzte sich dann völlig überraschend gegen die USA durch.

- 2015 gewannen die US-Amerikanerinnen ihren dritten WM-Titel. Carli Lloyd traf in den ersten fünfzehn Minuten des Endspiels gleich dreimal. Eines der Tore schoss sie aus über 45 Metern Entfernung!

FINALE, OH-OH!

Hier fanden die Frauen-WM-Endspiele statt:

2011 DEUTSCHLAND

2015 KANADA   **2019 FRANKREICH**   **1995 SCHWEDEN**   **1991 CHINA**
2007 CHINA

2003 USA

1999 USA

2023* AUSTRALIEN

*nach dem Stand von 2021

FUSSBALL IN ASIEN

In vielen asiatischen Ländern ist Fußball sehr im Kommen. Katar, der Gastgeber der Fußball-WM 2022, gehört zur Asiatischen Fußballkonföderation AFC, deren Mitgliedernationen sich vom Libanon im Westen bis Japan im Osten erstrecken. Die meisten der größeren Länder, unter anderem das riesige China, haben eine eigene Profiliga. In manchen asiatischen Ländern wächst der Frauenfußball noch schneller als bei den Männern. Während noch keine asiatische Männermannschaft ein WM-Finale gewinnen konnte, siegten die Japanerinnen bei der Frauen-WM 2011. Bei den Herren zählt der Iran zu den erfolgreichsten Teams.

WM-KRIMI

Im letzten Gruppenspiel der Männer-WM 2018 stand Südkorea Deutschland gegenüber. Die Deutschen mussten gewinnen, um weiter zu kommen, Südkorea war so gut wie draußen. Dann schoss der Südkoreaner Son Heung-Min (siehe S. 28) in der 96. Minute ein Tor, holte einen atemberaubenden Sieg für seine Mannschaft und schickte die Deutschen nach Hause!

EINE MILLIARDE AUGENPAARE

Die englische Spitzenliga, Premier League genannt, hat in Asien erstaunlich viele Fans. Schätzungen gehen davon aus, dass mehr als eine Milliarde Asiaten die Spiele der Premier League regelmäßig verfolgen. Das sind bei Weitem die meisten Zuschauer im Vergleich zu anderen Regionen der Welt. Kein Wunder also, dass so viele asiatische Unternehmen Werbung auf den Trikots in der Premier League machen.

SCHON GEWUSST?

Cuju war ein Ballspiel, das einzeln oder im Team gespielt wurde. Man glaubt, dass es von einem Schiedsrichter begleitet wurde und dass es nicht nur zum Spaß, sondern als militärisches Training gespielt wurde.

SÜDKOREA 2 - 0 DEUTSCHLAND

SPITZENLIGEN

Das sind die größten asiatischen Profiligen:

LAND	LIGA	SEIT	TEAMS	INTERESSANTES
Japan	J-League	1992	18	• Die Kashima Antlers haben den Rekord von 8 J-League-Titeln geholt.
China	Chinese Super League	2004	16	• Brasilianische Stars wie Oscar verstärken die chinesischen Ligen.
Südkorea	K-League	1983	12	• In der K-League spielen Fußballer aus Europa und ganz Asien.

ASIENS SUPERSTARS

Mit der wachsenden Bedeutung des Fußballs in Asien finden immer mehr Fußballstars aus China, Japan, Korea und anderen asiatischen Ländern den Weg in die Spitzenligen der ganzen Welt. Hier siehst du einige Größen aus der Vergangenheit und von heute.

ALI DAEI

IRAN

Bei den Männern hat nur Cristiano Ronaldo mehr internationale Tore gemacht als der frühere iranische Superstar Ali Daei, nämlich 109. Daei spielte von 1993 bis 2006 für das iranische Nationalteam.

SON HEUNG-MIN

SÜDKOREA

Der Torjäger, der für Tottenham in der Premier League spielt, hat sechsmal den Titel des besten asiatischen Fußballers gewonnen. Er hatte großen Anteil an Südkoreas erfolgreichen WM-Teilnahmen in den Jahren 2014 und 2018.

SUN WEN

CHINA

Im Jahr 2000 gewann Sun Wen zusammen mit Michelle Akers den Preis FIFA-Spielerin des Jahrhunderts. Bei der WM 1999 wurde sie mit dem Goldenen Ball und dem Goldenen Schuh ausgezeichnet. Sie erzielte stolze 106 Tore für China.

HOMARE SAWA

JAPAN

Ihre 205 Länderspiele sind Rekord unter ihren japanischen Kollegen und Kolleginnen. Als erste asiatische Spielerin wurde sie von der FIFA zur Spielerin des Jahres (2011) gewählt. Bei der WM 2011 führte sie das japanische Team zum Sieg.

CHA BUM-KUN

SÜDKOREA

Kaum ein asiatischer Spieler vor ihm hat in Europa so viel Eindruck hinterlassen wie Cha Bum-kun, der 1978 in Deutschland als Profi startete. In 12 Spielzeiten lief der Stürmer für drei Bundesligavereine auf und schoss insgesamt 96 Tore.

FUSSBALL IN AFRIKA

Der Fußball kam mit den europäischen Kolonialherren nach Afrika. Der Kolonialismus hat dem Kontinent schwer geschadet, der Fußball eher nicht! Er ist heute fast überall die beliebteste Sportart! Afrikanische Klubs haben oft weit weniger Geld als europäische oder nordamerikanische Vereine, aber Afrikas Kicker sind weltweit bei Spitzenvereinen unter Vertrag. Dank der wachsenden Bevölkerung und vielen begeisterten Fans wird die Bedeutung Afrikas im Fußball künftig sicher noch weiter zunehmen.

DER VORKÄMPFER

Eusébio wuchs in Mosambik auf. Sein großes Talent brachte ihn nach Portugal, wo er zu einem der weltbesten Spieler der 1960er-Jahre wurde. Er holte mit Benfica Lissabon 11 Meistertitel und war zweimal Europas bester Torschütze. 1965 bekam er als erster afrikanischer Profispieler die Auszeichnung Europas Fußballer des Jahres. Viele afrikanische Spieler hat sein Erfolg seither inspiriert.

ERFOLGE UND KÄMPFE

Die nigerianische Frauennationalmannschaft ist die beste des ganzen Kontinents. Das Team hat an allen acht Weltmeisterschaften teilgenommen und gewann fast alle Afrika-Meisterschaften. Trotz der Erfolge finden die Spielerinnen kaum Unterstützung in ihrer Heimat. In vielen afrikanischen Ländern wird immer noch die Nase gerümpft, wenn Frauen Fußball spielen. Während der WM 2019 machte das nigerianische Team Schlagzeilen, als sich die Spielerinnen öffentlich über die schlechte Behandlung und die unfaire Bezahlung beklagten.

SPITZENLIGEN

LIGA	LAND	TEAMS	SEIT
Linafoot	Dem. Rep. Kongo	14	1958
Egyptian Premier League	Ägypten	18	1948
Ligue Professionelle 1	Tunesien	14	1921
Premier Soccer League	Südafrika	16	1997

AFRIKAS SUPERSTARS

Egal ob aus der Vergangenheit oder von heute – das hier sind einige der besten afrikanischen Spieler.

GEORGE WEAH

LIBERIA

Der Stürmer George Weah ist der einzige afrikanische Spieler, der bisher mit dem Ballon d'Or als weltbester Fußballer ausgezeichnet wurde (1995). Er schoss allein 66 Tore für den AS Monaco. Mit Paris St.-Germain holte er den Meistertitel in Frankreich und mit dem AC Mailand wurde er zweimal italienischer Meister. In Europa erzielte Weah mehr Tore als jeder andere afrikanische Spieler. Am Ende seiner Fußballkarriere ging er in die Politik und wurde Präsident von Liberia.

ASISAT OSHOLA

NIGERIA

Im Alter von 26 Jahren war Oshola schon dreimal zur besten Fußballerin Afrikas gekürt worden. Der britische Fernsehsender BBC wählte sie 2015 ebenfalls zur Fußballerin des Jahres. Bei der U-20-WM schoss sie für Nigeria die meisten Tore und sie hatte wesentlichen Anteil an den zwei Afrika-Meisterschaften des Landes.

ROGER MILLA

KAMERUN

Als Kapitän der Nationalelf Kameruns wurde er durch sein Spiel während der WM 1990 berühmt. Er trug dazu bei, dass die „Unbezwingbaren Löwen" das Viertelfinale erreichten. Mit 42 Jahren war er noch einmal bei einer WM (1994) dabei und wurde damit der älteste WM-Spieler überhaupt! In seiner Karriere schoss er mehr als 400 Tore!

DIDIER DROGBA

ELFENBEINKÜSTE

Drogba hatte einen ausge-
prägten Torinstinkt, der ihm
half, stolze 300 Tore zu
erzielen. Mit Chelsea ge-
wann er je viermal die
Premier League und den
FA-Pokal. Sein Elfmeter
bescherte dem FC Chelsea
2012 den Sieg in der UEFA
Champions League. Zweimal
wurde er mit dem Titel
Afrikas Fußballer des Jahres
ausgezeichnet.

SAMUEL ETO'O

KAMERUN

Nur wenige Spieler haben so
viele Auszeichnungen und
Trophäen abgeräumt wie
dieses Allround-Talent. Er
wurde viermal zu Afrikas
Fußballer des Jahres gewählt
und gewann mit seiner Nationalelf im Jahr 2000 die olympische Goldmedaille. Sowohl
mit Barcelona als auch mit
Inter Mailand gewann er das
Triple – direkt hintereinander!

TABITHA CHAWINGA

MALAWI

Sie ist das derzeit größte
Fußballtalent Malawis und
eine wahre Tormaschine.
Allein in Schweden hat sie in
nur drei Spielzeiten 123-mal
getroffen. Dann wechselte
sie nach China in die Profiliga, wo sie schon in ihrer
ersten Saison Torschützenkönigin wurde! Von dieser
Ausnahmespielerin werden
wir sicher noch viel hören!

FUSSBALL IN EUROPA

Der moderne Fußball entstand im 19. Jahrhundert in Europa und hier liegt bis heute das weltweite Zentrum dieses Sports. Auf der Profiebene sind die Vereine in der UEFA (siehe Seite 16) organisiert. Die UEFA wurde 1954 von Italien, Belgien und Frankreich gegründet. Die meisten Länder haben mehrere Vereinsfußball-Klassen, von den untersten Kreisligen bis zur nationalen Topliga. Jede Liga ermittelt im Lauf einer Saison ihren Meister. Die Verbände halten zudem jedes Jahr ein Pokal-Turnier nach dem K.-o.-System ab, an dem Vereine aus mehreren Ligen beteiligt sind.

MAL GEHT ES RAUF, MAL GEHT ES RUNTER

Fast so spannend wie die Meisterschaft ist die Frage, wer am Ende der Spielzeit aus einer Liga absteigt. Die zwei schlechtesten Bundesligaclubs müssen zum Beispiel in die 2. Bundesliga absteigen. Das drittschlechteste Team kämpft in zwei Relegationsspielen gegen die drittbeste Mannschaft aus der 2. Bundesliga um den Platz im Oberhaus. Mit dem Aufstieg sind höhere Sponsorengelder und Werbeverträge, aber auch deutlich mehr Kosten und Auflagen verbunden.

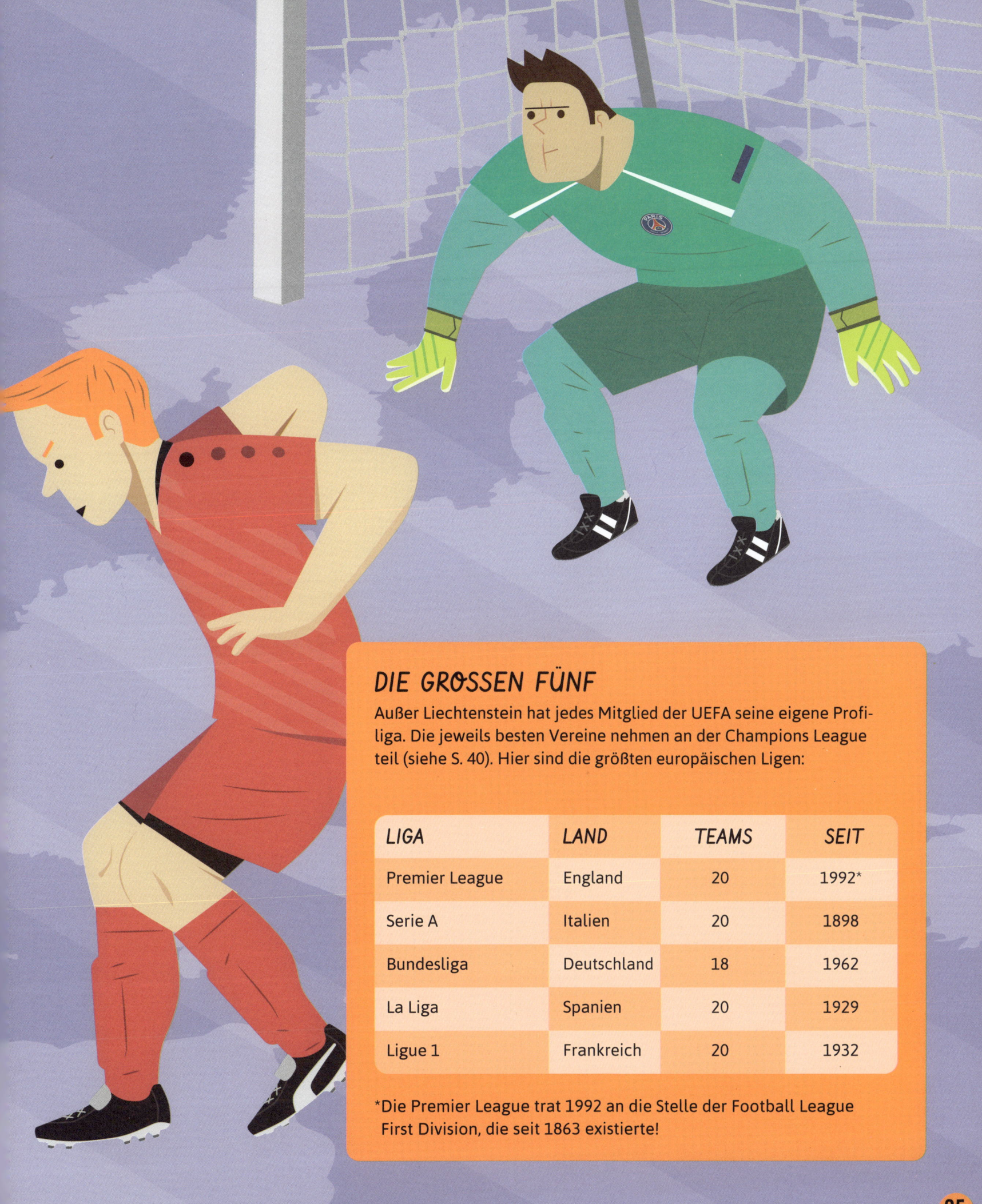

DIE GROSSEN FÜNF

Außer Liechtenstein hat jedes Mitglied der UEFA seine eigene Profi-liga. Die jeweils besten Vereine nehmen an der Champions League teil (siehe S. 40). Hier sind die größten europäischen Ligen:

LIGA	LAND	TEAMS	SEIT
Premier League	England	20	1992*
Serie A	Italien	20	1898
Bundesliga	Deutschland	18	1962
La Liga	Spanien	20	1929
Ligue 1	Frankreich	20	1932

*Die Premier League trat 1992 an die Stelle der Football League First Division, die seit 1863 existierte!

EUROPAS SUPERSTARS

Es gibt so viele europäische Fußball-Superstars aus vielen unterschiedlichen Ländern und jeder Fußballfan wird seine eigenen Lieblingsspieler haben. Hier ist eine kleine Auswahl an Fußballlegenden aus der Vergangenheit.

FRANZ BECKENBAUER

DEUTSCHLAND

Der „Kaiser", wie er oft genannt wurde, war der erste große Libero. Er griff aus der Abwehr heraus an, bewegte sich großräumig über das Spielfeld und schoss Tore. Während seiner Zeit bei Bayern München war er zwei Mal Weltfußballer des Jahres. Als Westdeutschland die WM 1974 gewann und drei EM-Titel holte, war er Kapitän der Nationalmannschaft. Später half er als Profi bei New York Cosmos, den Fußball in den USA populär zu machen. Danach war er Trainer der deutschen Nationalmannschaft und 1990 der erste Fußballer, der sowohl als Spieler als auch als Trainer einen WM-Sieg feiern konnte.

PAOLO MALDINI

ITALIEN

Der wohl bis heute bedeutendste Spieler Italiens war Paolo Maldini. Der Verteidiger nahm an mehr Serie-A-Spielen teil als jeder andere Spieler. Mit dem AC Mailand gewann Maldini insgesamt 25 Wettbewerbe, darunter fünf Champions-League-Titel und sieben italienische Meisterschaften.

JOHAN CRUYFF

NIEDERLANDE

Die „Cryuff-Wende", mit der ein Spieler superschnell die Laufrichtung ändern kann, wurde nach diesem Superstar benannt. Cryuffs Vielseitigkeit war mit dafür verantwortlich, dass der niederländische „Totale Fußball" in den 1970ern zu einem Riesenerfolg wurde.

KELLY SMITH

ENGLAND

Nur wenige Spieler und Spielerinnen hatten je so einen guten Torriecher wie diese Stürmerin. Mit 46 Toren für die Nationalmannschaft ist sie bis heute die Rekordschützin im englischen Frauenfußball. Mit Arsenal London gewann Kelly Smith zudem vier Premier-League-Titel.

DAVID BECKHAM

ENGLAND

„Becks" war ein Meister der Freistöße. Sein Talent, den Ball in einer gebogenen Flugbahn ins Tor zu bringen, machte ihn zu einer Legende. Er spielte erfolgreich für Manchester United und später für Real Madrid. 2007 zog er in die USA, wo er für das Team von Los Angeles Galaxy spielte.

BIRGIT PRINZ

DEUTSCHLAND

Nachdem Prinz mit nur 16 Jahren in die deutsche Frauennationalmannschaft aufgenommen wurde, war sie dort 17 Jahre lang ein Star. Mit ihr als Stürmerin holte Deutschland fünf europäische Pokale und zwei WM-Titel. Sie war dreimal in Folge (2003–2005) FIFA-Spielerin des Jahres.

ZINÉDINE ZIDANE

FRANKREICH

Zidane war Spieler des Jahres in Frankreich, Italien und Spanien sowie dreimal Weltfußballer des Jahres. Mit seiner Körpergröße und Kraft war er selbst für die besten Gegner eine Herausforderung. Der Höhepunkt seiner Karriere war der Titelgewinn bei der Heim-WM 1998 in Paris.

DIE STARS VON HEUTE – EUROPA

Die meisten europäischen Fußballstars spielen in den verschiedenen Profiklubs des Kontinents, wenn sie nicht gerade für ihre Nationalmannschaft im Einsatz sind!

CRISTIANO RONALDO
MANCHESTER UNITED

Ronaldo ist eine lebende Legende. Der Portugiese ist fünfmaliger Weltfußballer des Jahres. Er hat mehr Tore für seine Nationalmannschaft erzielt als irgendjemand sonst. Ronaldo spielte für Manchester United, Real Madrid und Juventus Turin und ist seit 2021 wieder bei Manu unter Vertrag. Er gewann insgesamt fünf Champions-League-Titel, ist Rekordtorschütze dieses Wettbewerbs, wurde viermal Klubweltmeister sowie 2016 Europameister. In seiner Karriere schoss er bereits mehr als 710 Tore!

KEVIN DE BRUYNE
MANCHESTER CITY

Die belgische Passmaschine ist das Herz des Erfolgssturms von Manchester City. Mit ihm erreichte der Klub 2018 einen Punkterekord. In der Saison 2019/2020 bereitete er 20 Tore vor – ein neuer Rekord!

HARRY KANE
TOTTENHAM HOTSPUR

Der dreimalige Premier-League-Rekordschütze erzielte in der Saison 2017/2018 39 Tore – ein neuer Liga-Rekord. Seine Treffsicherheit brachte Tottenham ins Finale der Champions League 2018 und Englands Nationalelf ins Halbfinale der WM 2018.

LUCY BRONZE
MANCHESTER CITY

Das solide Abwehrspiel von Bronze verhalf England bei der Frauen-WM 2019 beinahe zu „Gold". Die FIFA Weltfußballerin des Jahres 2020 spielte 3 Jahre für Olympique Lyonnais, bevor sie 2020 wieder nach England zurückkehrte.

ROBERT LEWANDOWSKI
BAYERN MÜNCHEN
Nur wenige Spieler treffen so oft wie dieser polnische Stürmer. Mit seinem Verein gewann er acht Bundesliga-Titel. Lewandowski wurde zum FIFA Weltfußballer 2020 gewählt.

KYLIAN MBAPPÉ
PARIS-ST. GERMAIN
Dieser superschnelle Stürmer begeisterte die Fußballwelt bei der WM 2018 und half seinem Klub, auf den ersten Platz der französischen 1. Liga zu kommen. Seine Dribbelläufe sind einfach sensationell!

DZSENIFER MAROZSÁN
OLYMPIQUE LYON
Mit dem EM-Sieg 2013 und dem Olympia-Gold 2016 eroberte sich die Mittelfeldspielerin einen Spitzenplatz im Frauenfußball. Ihr Führungstalent zeigte die Spielmacherin als Kapitänin der deutschen Nationalelf in den Jahren 2016 – 2019.

LIEKE MARTENS
FC BARCELONA FEMENÍ
2017 gewann Martens mit der niederländischen Nationalelf die Frauen-EM und wurde Weltfußballerin des Jahres. Die Flügelstürmerin erzielte bei der WM 2019 einige tolle Tore, als die Niederländerinnen Vize-Weltmeister wurden.

LUKA MODRÍ
REAL MADRID
Modrí spielt seit 2012 für Real Madrid. Mit ihm in der Nationalelf erreichte Kroatien das Endspiel der WM 2018. Im selben Jahr war er auch Weltfußballer des Jahres.

VIRGIL VAN DIJK
LIVERPOOL
Der groß gewachsene Niederländer ist vielleicht der derzeit weltbeste Verteidiger und verhalf Liverpool 2020 zum ersten Premier-League-Titel.

UEFA CHAMPIONS LEAGUE

In der Champions League (früher Europapokal der Landesmeister) kämpfen die besten Klubmannschaften Europas um den Titel. Jedes Jahr treten 32 Topteams aus verschiedenen UEFA-Ligen in acht Gruppen gegeneinander an. Die 16 stärksten Teams aus dieser Gruppenphase tragen anschließend die superspannende K.-o.-Runde mit je einem Hin- und Rückspiel aus. Das Champions-League-Finale ist jedes Jahr eines der meistgesehenen TV-Sportereignisse weltweit. Am Ende der Saison 2012/2013 standen sich mit Dortmund und Bayern erstmals zwei deutsche Teams im Endspiel gegenüber. Die Münchner gewannen mit 2:1.

CHAMPIONS LEAGUE DER FRAUEN

Bei der Champions League der Frauen, die erstmals 2002 ausgetragen wurde, ist regelmäßig ein Team aus Frankreich ganz vorne dabei. Olympique Lyonnais hat sieben Champions-League-Titel gewonnen, fünf davon direkt hintereinander von 2016 bis 2020. Der FFC Frankfurt gewann vier Titel, das letzte Mal waren die Hessinnen 2015 erfolgreich.

U E F A

COUPE DES CLUBS CHA
EUROPÉENS

DIE UEFA EUROPA LEAGUE

Wer es nicht zur Champions League schafft, der kann sich für die UEFA Europa League qualifizieren. Dieses zweite große europäische Klubturnier ist eine weitere großartige Möglichkeit für die Fans, ihre Favoriten gegen Klubs von überallher spielen zu sehen. Der FC Sevilla aus Spanien hat sechs Europa-League-Titel gewonnen und gleich sechs Vereine drängeln sich mit je drei Siegen auf dem Silbertreppchen.

LOHNENDE LIGA

Für Spieler und Fans rangiert die Champions League wahrscheinlich nur einen Tick unter der Weltmeisterschaft. Schließlich winkt hier die zweitgrößte Auszeichnung im Fußball. Für das Gewinnerteam bedeutet der Sieg auch einen riesigen Haufen Geld! Im Jahr 2020 konnten die siegreichen Münchner mit mehr als 80 Millionen Euro nach Hause fahren.

REKORD-CHAMPIONS

Das sind die Teams mit den meisten Siegen in der Champions League (bis 1992 Europapokal):

KLUB	TITEL	ZULETZT IM JAHR
Real Madrid	13	2018
AC Mailand	7	2007
Bayern München	6	2020
Liverpool	6	2019
Barcelona	5	2015

FUSSBALL IN NORDAMERIKA

In Mexiko ist Fußball die Sportart Nummer 1. Die mexikanische erste Liga MX hat 18 Teams und mehr als 60 weitere Profimannschaften spielen in den niedrigeren Klassen. In den USA und in Kanada dagegen hat erst der Frauenfußball das Interesse an „Soccer" geweckt. Die Nationalmannschaften der beiden Länder gehören zu den besten weltweit. Die US-Frauen konnten schon vier WM-Titel gewinnen und auch die Kanadierinnen sind sehr erfolgreich. Während die Profifußball-Ligen der Frauen hingegen bislang wenig Anklang fanden, wuchs die erfolgreichere amerikanisch-kanadische Profiliga der Männer (Major League Soccer) in ihrer 26. Saison 2021 auf 27 Teams an.

NACHWUCHSARBEIT

Ein wichtiger Grund für den wachsenden Erfolg des Fußballs in den USA ist die Nachwuchsarbeit. Tausende von amerikanischen Kids spielen inzwischen in organisierten Ligen. Sie lernen den Sport früh kennen und wachsen als Fans und Spieler mit Fußball auf. Über zwei Millionen Kinder spielen in den USA in Jugendteams.

PELÉ EBNETE DEN WEG

Ab 1975 spielte der brasilianische Superstar Pelé (siehe Seite 50) in der früheren Nordamerikanischen Fußballliga. Er war zwar nur drei Jahre dabei, aber der Erste in einer Reihe von europäischen und südamerikanischen Spitzenspielern, die ihr Karriereende bei US-Klubs zubrachten. Die amerikanische Major League Soccer profitierte sehr von diesen Transfers. Hier sind nur einige der vielen Superstars, die den Fußball in den USA beliebter machten:

- David Beckham, England und LA Galaxy
- Thierry Henry, Frankreich und NY Red Bulls
- Zlatan Ibrahimović, Schweden und LA Galaxy
- Kaká, Brasilien und Orlando City
- Wayne Rooney, England und DC United

FUSSBALL AN SCHULEN UND UNIS

Zwar gibt es auch in den USA den Fußball im Verein, aber es sind vor allem die Schulen und Universitäten, in denen Kinder und Jugendliche ihre Liebe zu diesem Sport entdecken. Schulmannschaften spielen gegeneinander in Ligen und Play-offs, und Hochschulteams reisen durchs ganze Land, um sich gegen Teams vergleichbar großer Unis zu messen. Der jährlich stattfindende College Cup, ein Pokalwettbewerb der Universitäten, ist das wichtigste und größte Sportereignis im Uni-Fußballjahr.

NORDAMERIKAS SUPERSTARS

Die USA haben in ihrer bisherigen Fußballgeschichte mehr weibliche Stars hervorgebracht als männliche. In Mexiko ist die Liste der Fußballhelden länger, enthält aber fast nur Männer. In Kanada ist die beste Spielerin noch aktiv. Du triffst sie auf der nächsten Seite.

MIA HAMM

USA

Bis sie von Abby Wambach abgelöst wurde, hielt die Stürmerin Mia Hamm mit 158 internationalen Treffern den absoluten Rekord, bei Frauen wie bei Männern. Bekannt wurde sie mit den NC Tar Heels, dem Team der Universität von North Carolina, mit dem Hamm vier nationale Meisterschaften gewann. Mit dem US-Team konnte sie 1991 und 1999 die Weltmeisterschaft gewinnen. 1996 und 2004 holte sie mit ihrer Nationalelf Gold bei den Olympischen Spielen.

LANDON DONOVAN

USA

Donovan gilt als der beste Fußballspieler der USA überhaupt. Der Stürmer spielte unter anderem für den FC Everton in England sowie für Bayern München und Bayer Leverkusen in der Bundesliga. Seine erfolgreichste Zeit hatte er jedoch, als er für amerikanische Teams spielte. Mit LA Galaxy gewann er vier Titel in der Major League Soccer und mit San José Earthquakes zwei. Bei drei Weltmeisterschaften trat er für die US-Elf an.

MICHELLE AKERS

USA

Michelle Akers hatte großen Anteil am Aufstieg des amerikanischen Frauenfußballs. Sie war Teil der ersten Nationalelf und erzielte das erste Tor im ersten Länderspiel der USA 1985. Als das Team 1991 die WM gewann, wurde Akers Torschützenkönigin des Turniers. Mit der Unterstützung der erfahrenen Führungsspielerin siegte das US-Team auch 1999. Mit der Chinesin Sun Wen teilt sie sich den FIFA-Titel Beste Spielerin des zwanzigsten Jahrhunderts.

ABBY WAMBACH

USA

Ihre Körpergröße und Sprungkraft machten Abby Wambach zu einer äußerst torgefährlichen Stürmerin. Mit ihrer Bilanz von 184 Länderspiel-Toren steht sie auf Platz 2 hinter der kanadischen Rekordschützin Christine Sinclair (siehe S. 46), aber auf Platz 1 aller amerikanischen Spielerinnen. Wambach war 2012 Weltfußballerin des Jahres, nahm als Spielerin an vier Weltmeisterschaften teil und gewann mit dem US-Team die WM in Kanada.

HUGO SÁNCHEZ

MEXIKO

Sánchez wurde von der FIFA zu einem der elf besten nordamerikanischen Spieler des 20. Jahrhunderts gewählt. Er half Real Madrid während seiner 280 Einsätze für diesen Verein, im spanischen Fußball ganz vorne mitzuspielen. In der spanischen La Liga war er viermal Torschützenkönig und gewann mit Real Madrid fünf Meistertitel. In seiner besten Zeit schoss er 157 Tore in nur vier Jahren! Für Mexiko nahm er an drei Weltmeisterschaften teil.

RAFA MÁRQUEZ

MEXIKO

Für mehr als 20 Jahre war für die mexikanische Nationalelf eines ganz klar: Superstar Rafa Márquez wurde als Stammspieler in der Abwehr gebraucht. Er ist einer von nur drei Fußballern weltweit, die stolze fünfmal für ihr Land an einer WM teilgenommen haben. Mit ihm gewann Mexiko zweimal den Goldpokal der CONCACAF. Márquez spielte im Laufe seiner Karriere in den Ligen in Mexiko, Frankreich, Spanien und in den USA.

STARS VON HEUTE – NORDAMERIKA

Amerikaner und Kanadier spielen in Ligen auf der ganzen Welt. 2020 waren sieben von ihnen bei den Spielen der Champions League dabei – ein Rekord! Hier sind die aktuell besten nordamerikanischen Fußballer und Fußballerinnen.

TIM HOWARD

Dieser erfahrene Torhüter war einer der wichtigsten Spieler der USA bei den Weltmeisterschaften 2010 und 2014. Er war bei mehr internationalen Begegnungen dabei als jeder andere US-Torwart. Seine Glanzparaden im Spiel gegen Belgien bei der WM 2014 sind bis heute legendär. Howard brachte es auf über 400 Premier-League-Einsätze.

CHRISTINE SINCLAIR

Die Ausnahmestürmerin Christine Sinclair hält den Weltrekord für die meisten Tore im Nationaltrikot – und zwar sowohl bei den Männern als auch bei den Frauen! Bis 2020 traf sie für Kanada 186-mal. Mit ihrer Unterstützung erreichte das auch als „Big Red" bekannte Team fünf Weltmeisterschaften. Sie war außerdem erst die zweite Frau überhaupt, die bei fünf Weltmeisterschaften Tore erzielen konnte. Sinclair wurde 14-mal zu Kanadas Spielerin des Jahres gekürt. 2021 gewann sie mit ihrer Nationalelf das erste olympische Fußball-Gold für Kanada.

CHRISTIAN PULISIC

Dieser blitzschnelle Mittelfeldspieler ist auf dem Weg nach ganz oben. Pulisic ging im Alter von 16 Jahren nach Europa und schon bald erspielte er sich einen Stammplatz im Team von Borussia Dortmund. 2020 wechselte er zum FC Chelsea, wo er sich zu einem der wichtigsten Spieler entwickelte. Im Jahr 2021 war er der erste Amerikaner, der in einem Endspiel der Champions League stand und gewann.

ALEX MORGAN

Morgan ist eine überragende Torjägerin mit einer Bilanz von mehr als 100 Toren für die Nationalelf der USA. Mit ihr gewann das Team die WM-Titel 2015 und 2019, sowie 2012 die olympische Goldmedaille. Sie ist schnell, talentiert und hat einen ausgeprägten Torinstinkt. Mit Olympique Lyonnais gewann Morgan, die heute für Orlando Pride spielt, 2017 die Champions League der Frauen.

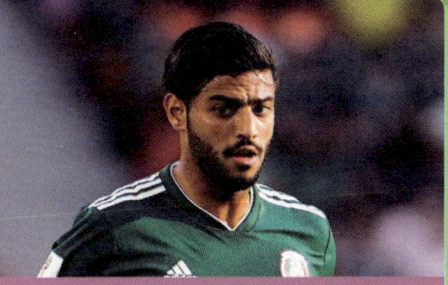

CARLI LLOYD

Ihre Lieblingszahl ist bestimmt die 2, denn so viele Auszeichnungen als Weltfußballerin des Jahres, WM-Titel und olympische Goldmedaillen hat sie. Ihr Hattrick im Endspiel der WM 2015 ist ein Glanzpunkt der Fußballgeschichte. Sie spielte zuletzt für NJ/NY Gotham FC, beendete im Oktober 2021 aber ihre Profikarriere.

MEGAN RAPINOE

Bei der WM 2019 führte Rapinoe die US-Mannschaft zum Titel und wurde mit dem Goldenen Ball für die beste Spielerin und dem Goldenen Schuh für die Torschützenkönigin ausgezeichnet. Sie wurde außerdem auch zur Weltfußballerin des Jahres 2019 gewählt. „Pinoe" ist eine engagierte Kämpferin gegen Rassismus und für LGBT-Rechte.

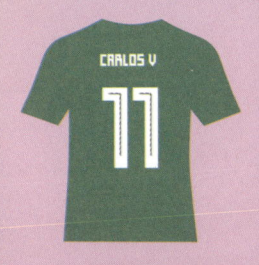

CARLOS VELA

Vela wurde 2019 als „Wertvollster Spieler" der Major League Soccer ausgezeichnet. Für den Los Angeles FC stellte er mit 34 Toren in einer Saison einen neuen Torrekord auf. Zuvor spielte er in Spanien und England sowie mehr als 70-mal für die Elf Mexikos.

FUSSBALL IN SÜDAMERIKA

Südamerika ist die Heimat von Rekordweltmeister Brasilien. Fünf Titel hat die „Seleção" schon bei der Männer-WM gewonnen, was man an den fünf Sternen auf den Nationaltrikots ablesen kann. Aus Brasilien stammen auch der weltbeste Fußballer und die weltbeste Fußballerin aller Zeiten: Pelé (Seite 50) und Marta (Seite 52). Argentinien hat nach England die zweitälteste Liga weltweit. Fußball ist in allen Ländern des Kontinents die Sportart Nummer 1 und zieht unglaublich viele Fans an!

Brasilien

FRAUENFUSSBALL IN SÜDAMERIKA

Was den Frauenfußball anbelangt, hinkt Südamerika der Entwicklung hinterher. Brasilien hat zwar ein starkes Frauenteam und eine Profi-Frauenliga, aber in Argentinien ist der Profifußball für Frauen erst seit 2019 erlaubt! Acht andere südamerikanische Länder haben noch nicht einmal Frauen-Ligen. Brasilien gewann die Frauenfußball-WM schon achtmal, aber alle anderen südamerikanischen Nationen zusammen bringen es auf gerade mal acht WM-Teilnahmen.

Maracanã-Stadion in Rio de Janeiro

FUSSBALL IN MITTELAMERIKA

Die Länder Mittelamerikas gehören wie Nordamerika zum Kontinentalverband CONCACAF, obwohl in fast allen von ihnen Spanisch gesprochen wird und sie kulturell Südamerika näher sind. Unter den mittelamerikanischen Fußballnationen war Costa Rica bisher am erfolgreichsten. „Los Ticos", wie sie auch genannt werden, waren bei fünf Weltmeisterschaften dabei. 2018 haben sie es sogar ins Achtelfinale geschafft.

SPITZENLIGEN

LIGA	LAND	TEAMS	SEIT
Primera División	Argentinien	24	1891
Campeonato Brasileiro Série A	Brasilien	20	1959
Primera A	Kolumbien	20	1948

SÜDAMERIKAS SUPERSTARS

Allein mit brasilianischen und argentinischen Superstars könnten wir locker das ganze Buch füllen! Hier kommt eine kleine Star-Auswahl aus unterschiedlichen Ländern Südamerikas.

PELÉ

BRASILIEN

Als Kind kickte Pelé noch barfuß. Als er seine Karriere beendete, galt er als der größte Fußballer aller Zeiten. Mit ihm gewann Brasilien drei WM-Titel. Sein Beitrag zur globalen Entwicklung des Sports war immens. In seinem unvergessenen Abschiedsspiel 1977 kickte Pelé in der ersten Halbzeit für sein früheres Team, den FC Santos, in der zweiten dann für seinen damaligen Klub New York Cosmos.

MARADONA

ARGENTINIEN

Manche glauben, Maradona sei noch besser gewesen als Pelé. Obwohl klein und stämmig, war er sehr schnell und ein großer Kämpfer. Seine Dribbel-Läufe waren unglaublich und sein Torinstinkt mehr als erstaunlich. Er führte Argentinien zum Sieg in der WM 1986 und wurde im selben Jahr zum Gewinner des Goldenen Balls als bester Spieler des Turniers gewählt. Sein Spiel ist bis heute legendär.

RONALDO

BRASILIEN

Mit 15 Toren ist Ronaldo der zweitbeste WM-Rekordschütze (nach Miroslav Klose mit 16 Toren). Mit Brasilien gewann er 1994 und 2002 den Weltmeistertitel. Er war dreimal Weltfußballer des Jahres und ein überragender Torjäger bei Inter Mailand in Italien und bei Real Madrid in Spanien. Hätten ihn nicht Knieverletzungen ausgebremst, hätte er wohl alle Rekorde gebrochen.

CARLOS VALDERRAMA

KOLUMBIEN

Durch seine Haarpracht war Valderrama auf jedem Platz leicht auszumachen. Aber auch seine außergewöhnliche Passgenauigkeit zeichnete ihn aus. Valderrama gewann mehr Pokale für Kolumbien als jeder andere Spieler und wurde zweimal zu Südamerikas Fußballer des Jahres gewählt. Nachdem er in Kolumbien und in Spanien gespielt hatte, wurde er zu einem der Topspieler in der Major League Soccer.

ALFREDO DI STÉFANO

ARGENTINIEN

In den 1950er-Jahren gab es keinen Besseren als Di Stéfano. Als Kapitän führte dieser Dribbelkünstler seinen Klub Real Madrid zu fünf Europapokalen hintereinander. In allen fünf Endspielen machte er Tore, einschließlich eines Hattricks im Jahr 1956. Er spielte international zuerst für Argentinien, dann 1949 inoffiziell für Kolumbien und schließlich für Spanien.

TEÓFILO CUBILLAS

PERU

Cubillas, der wohl beste peruanische Fußballer aller Zeiten, ist einer von nur drei Spielern, die in fünf verschiedenen Weltmeisterschaften Tore erzielten. Der Mittelfeldspieler führte Peru 1975 zum Sieg in der Copa América. Er war Profispieler in Peru und in den USA.

GARRINCHA

BRASILIEN

Manche Experten glauben, dass dieser Brasilianer der weltbeste Dribbler war. Bei den WM-Siegen Brasiliens 1958 und 1962 spielte er eine zentrale Rolle. 1962 wurde er zum besten Spieler des Turniers gewählt. Seine gesamte Profikarriere spielte er bei Botafago FR in Rio de Janeiro.

ELÍAS FIGUEROA

CHILE

Abwehrspieler bekommen oft wenig Aufmerksamkeit, aber dieser Innenverteidiger ist vermutlich Chiles bester Spieler überhaupt. Mit ihm im Team nahm Chile an drei Weltmeisterschaften teil. Figueroa spielte in Chile, Brasilien und Uruguay. Er wurde dreimal zu Südamerikas Fußballer des Jahres gewählt.

STARS VON HEUTE – SÜDAMERIKA

Die Länder Südamerikas haben immer schon wahre Fußballlegenden auf die Weltbühne geschickt. Und das ist auch heute noch so! Zwei der besten Spieler der Welt stammen aus Südamerika, neben vielen anderen, die auch ganz oben mitspielen.

MARTA
BRASILIEN

Diese Stürmerin, mit vollem Namen Marta Vieira da Silva, ist eine der besten Fußballerinnen aller Zeiten. Marta nahm mit der brasilianischen Nationalelf an fünf Weltmeisterschaften teil und wurde sechsmal Weltfußballerin des Jahres. Das ist mehr als jede andere Spielerin. Ihre 17 WM-Tore sind Rekord, bei Frauen wie bei Männern. Ihre Profikarriere führte sie bislang nach Schweden, Brasilien und in die USA.

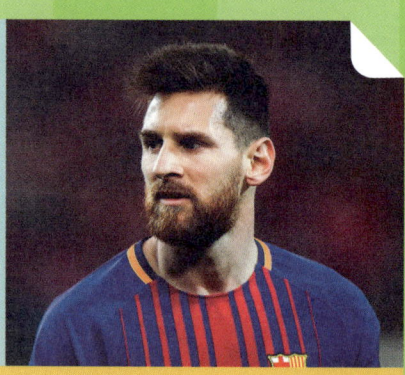

LIONEL MESSI
ARGENTINIEN

Die einen sagen, Cristiano Ronaldo sei der beste aktive Spieler der Welt, die anderen sind für Lionel Messi, Spitzname „der Floh". Der Stürmer ist zwar klein, aber beim Dribbeln fast unschlagbar. Messi steht für Tempo, Stil und Überraschung. Mit 13 Jahren verließ er mit seinen Eltern seine Heimat Argentinien, um in Barcelona zu spielen. Vier Jahre später schaffte er es in die erste Mannschaft und wurde zum größten Torjäger in der Geschichte der spanischen La Liga. Er hat mehr Tore erzielt als jeder andere argentinische Spieler. Siebenmal gewann er den Ballon d'Or für den weltbesten Spieler. Seine 91 Tore in einem Jahr (2012) sind ein absoluter Rekord. Er führte Argentinien 2008 zu olympischem Gold und 2021 zum Sieg in der Copa América. 2021 wechselte er zu Paris St.-Germain.

NEYMAR JR.
BRASILIEN

Dieser Stürmer ist ein heißer Anwärter auf den Platz des weltbesten Fußballers. Seine bisher größte Leistung war es, die brasilianische Nationalelf 2016 zu olympischem Gold zu führen. Neymar belegt derzeit den zweiten Platz in der Liste der besten Torschützen in der Geschichte des brasilianischen Fußballs. Nach Stationen in Brasilien und Spanien ist der Superstar derzeit in Frankreich bei Paris St.-Germain unter Vertrag.

ALISSON BECKER
BRASILIEN

Im Jahr 2020 war Becker der einzige Südamerikaner in der FIFA-Weltauswahl. Mit dem Welttorhüter von 2019 im Kasten gewann Liverpool im selben Jahr die Champions League und 2020 die Meisterschaft in der Premier League. An Becker kommt (fast) kein Ball vorbei!

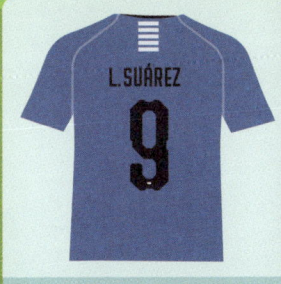

LUIS SUÁREZ
URUGUAY

Suárez hat mehr Tore geschossen als irgendeiner seiner Landsleute. Uruguay gewann mit seiner Hilfe 2011 die Copa América zum 15. Mal. Mit der Nationalelf nahm er an drei Weltmeisterschafen teil. Als Profi beim FC Liverpool wurde er Torschützenkönig der Premier League, mit Barcelona gewann er einen Champions-League-Titel. Seit 2020 spielt er für Atlético Madrid.

SERGIO AGÜERO
ARGENTINIEN

Der phänomenale Torjäger war mit 15 Jahren der bis dahin jüngste Profispieler Argentiniens. Später wechselte er in die englische Premier League zu Manchester City und wurde zum besten Torschützen der Liga aus dem Kreis nicht-europäischer Spieler. Für sein Land nahm er an drei Weltmeisterschaften teil. Seit 2021 spielt er für den FC Barcelona.

COPA LIBERTADORES

Die besten Klubs Südamerikas treffen in diesem Turnier aufeinander. Die Copa Libertadores lädt manchmal aber auch Teilnehmer ein, die nicht aus Südamerika stammen, sondern etwa aus dem zentralamerikanischen Mexiko. Gewinnen konnten bisher aber nur südamerikanische Teams. Argentinische Klubs durften den Pokal 25-mal nach Hause mitnehmen, zehn verschiedene brasilianische Klubs haben mindestens einmal gewonnen.

WER BEFREIT WEN?

Die meisten südamerikanischen Länder waren früher Kolonien europäischer Nationen. Im 19. und im 20. Jahrhundert erkämpften sie sich allmählich ihre Unabhängigkeit. Die „Copa Libertadores", zu Deutsch der „Befreierpokal", ehrt die Menschen, die sich für die Befreiung ihrer Heimatländer eingesetzt haben.

DIE ERFOLGREICHSTEN KLUBS

CLUB	LAND	TITEL
Independiente	Argentinien	7
Boca Juniors	Argentinien	6
Peñarol	Uruguay	5
River Plate	Argentinien	4
Estudiantes	Argentinien	4

REKORD-TORJÄGERINNEN

Cristiane, Brasilien		15
Gloria Villamayor, Chile		8
Noelia Cuevas, Paraguay		8

COPA LIBERTADORES DER FRAUEN

Seit 2009 wird die Copa Libertadores Femenina ausgetragen. Es überrascht nicht, dass Brasilien auch bei den Frauen die Nase vorn hat. Bisher ging die Trophäe neunmal an einen brasilianischen Verein. Der erfolgreichste Klub ist São José mit stolzen drei Siegen. Vereine aus Kolumbien, Chile und Paraguay haben jeweils einmal gewonnen.

FUSSBALL IN OZEANIEN

Die Ozeanische Fußballkonföderation OFC ist die kleinste unter den sechs FIFA-Kontinentalverbänden, aber der Fußballsport gewinnt in vielen der Mitgliedsländer an Bedeutung. Australien ist das größte Land in der Region, gehört aber nicht mehr zur OFC, seitdem es sich 2006 der Asiatischen Fußballkonföderation angeschlossen hat. Seither ist Neuseeland das Spitzenland des Fußballs in Ozeanien.

2023 GEHT'S LOS!

Die Fußballweltmeisterschaft der Frauen wird 2023 in Australien und in Neuseeland ausgetragen. Die Gastgeber werden 32 Nationen bei sich begrüßen können.

WIE OFT DABEI?

Nur Australien (fünfmal, zuletzt 2018) und Neuseeland (1982 und 2018) haben sich bisher für eine WM qualifizieren können. Dafür hat der Inselstaat der Salomonen schon fünfmal an der Beachsoccer-WM, der Strandfußballweltmeisterschaft, teilgenommen!

SPITZENLIGEN

LIGA	LAND	TEAMS	GEGRÜNDET
A-League	Australien	12	2005
ASFA Soccer League	Amerikanisch-Samoa	12	1976
New Zealand Football Championship	Neuseeland	10	2004
Super League	Neukaledonien	13	1962

OZEANIENS SUPERSTARS

Die Menschen Ozeaniens sind zwar fußballbegeistert, haben bislang aber nur wenige echte Topspieler hervorgebracht. Einige von ihnen konnten trotzdem ihre Spuren im internationalen Fußball hinterlassen, wie diese Stars von gestern und heute, die du auf dieser Seite siehst.

CHRISTIAN KAREMBEU

NEUKALEDONIEN

Da sein Land zu Frankreich gehört, spielte Christian Karembeu über 50-mal für das französische National-team und gewann die WM 1998. Er spielte in europäischen Ligen in Italien, Spanien und England, und gewann außerdem zwei Champions-League-Titel. Zweimal wurde er zum besten Spieler Ozeaniens gekürt.

WYNTON RUFER

NEUSEELAND

Im Jahr 2000 wurde dieser erstklassige Stürmer zum besten ozeanischen Fußballer des 20. Jahrhunderts gewählt! Rufer verbrachte viele Spielzeiten in der deutschen Bundesliga. Mit der neuseeländischen Nationalelf nahm er außerdem 1982 an der Fußball-WM teil.

HARRY KEWELL

AUSTRALIEN

Verletzungen bremsten die ganz große Karriere von Kewell aus, aber wenn er spielte, war er fantastisch! Mit 17 debütierte er als jüngster australischer Nationalspieler. Bei der WM 2006 sicherte er seinem Team einen der raren Plätze in der Runde der besten 16. Er spielte viele Jahre in der Premier League in England.

TIM CAHILL

AUSTRALIEN

Cahill ist mit 50 Toren in mehr als 100 Spielen Rekordschütze der australischen Nationalmannschaft. Bei drei Weltmeisterschaften machte er jeweils mindestens ein Tor. Er spielte außerdem über 400 Spiele in der englischen Premier League.

SAM KERR

AUSTRALIEN

Kerr ist Rekordschützin sowohl in der australischen Profiliga der Frauen als auch in der nordamerikanischen Soccer-Liga. Die Offensivspielerin wurde in Australien viermal zur Profifußballerin des Jahres gewählt und war dreimal mit ihrer Nationalelf bei WM-Turnieren dabei. 2019 nahm sie Chelsea in England unter Vertrag.

FUSSBALL GEHT AUCH ANDERS

Fußball ist ein so beliebtes Spiel, dass überall auf der Welt verschiedene Ideen entwickelt wurden, wie man es sonst noch spielen könnte.

FUTSAL

Fußball drinnen? Warum nicht! Bei dieser Art des Hallenfußballs spielen fünf Spieler pro Mannschaft auf einem Spielfeld, das ungefähr die Größe eines Eishockeyfelds hat. Der Ball ist ein bisschen kleiner als der normale Fußball, springt weniger und darf über Bande gespielt werden!

MOTOBALL

Hier ist Tempo im Spiel! Nicht einmal Lionel Messi könnte da mithalten. Die Motoball-Spieler fahren Motorrad, während sie einen großen Ball herumkicken. Russische Teams dominieren die Wettbewerbe in dieser Sportart.

E-ROLLI-FUSSBALL

Diese Sportart wird auf elektrisch motorisierten Rollstühlen auf einem basketballplatzgroßen Feld gespielt. Teams aus vier Spielern passen und schießen den Ball mit ihren Rollis.

BEACHSOCCER

Länder, die viele Strände haben, sind für diesen Sport wie geschaffen. Vier Spieler und ein Torwart pro Team treten beim Strandfußball auf einem etwa 35 Meter langen Sandfeld gegeneinander an. Die Regeln sind größtenteils genauso wie beim normalen Fußball, aber Dribbeln und Laufen fällt im Sand natürlich ungleich schwerer!

BLINDENFUSSBALL

Der Clou dieser Spielart ist ein spezieller Ball, der Geräusche macht. Die blinden Spieler folgen dem Rasseln des Balls.

SEHBEHINDERTEN-FUSSBALL

Diese Variante eignet sich für Sehbehinderte. Die Regeln sind an Futsal angelehnt, mit wenigen Anpassungen. Es gibt etwa weniger Spielfeldmarkierungen, der Ball hat eine Farbe, die sich vom Feld und von den Linien deutlich abhebt, und es herrschen besondere Lichtverhältnisse.

TOR!

Über Fußball kann man viel lesen, aber es macht noch viel mehr Spaß, selbst zu spielen! Nachdem wir kreuz und quer durch die Fußballwelt gereist sind, wird es höchste Zeit, dass du nach draußen gehst und spielst! Hier sind ein paar Fußballvarianten, die du mit Freunden testen kannst.

ELFMETERSCHIESSEN

Bilde zwei Teams. Stelle zwei Kegel ins Tor, je einen Meter von den Seitenpfosten entfernt. Wie viele Schüsse können die Teams jeweils zwischen ihrem Kegel und dem Pfosten platzieren?

TRIKOTDESIGNER

Der Fußballspaß für Regentage: Besorg dir Papier und Stifte und entwirf dein eigenes Trikot. Welche Farben nimmst du? Wie wird das Logo deines Teams aussehen? Der Fantasie sind keine Grenzen gesetzt! Und vergiss nicht, ein paar richtig coole Fußballschuhe zu entwerfen!

MINI-WM

Organisiere mit deinen Freunden ein Fußballturnier. Jedes Team soll für eine Nationalmannschaft stehen. Wo kommt deine Familie her? Hast du vielleicht Freunde, deren Eltern aus einem anderen Land stammen? Am Ende deiner kleinen WM wirst du sehen, welches „Land" gewinnt!

JONGLIERMEISTER

Wer kann den Ball am längsten mit wie vielen Kicks in der Luft halten? Je öfter du das übst, desto besser wirst du. Ganz bestimmt! Du kannst sogar mit Freunden in einem Kreis den Ball jonglieren. Was ist euer absoluter Rekord an Ballberührungen?

AUSZEIT!

Ich hoffe, unsere kleine Reise durch die Welt des Fußballs hat dir so viel Freude gemacht wie mir. Ich bin seit mehr als 40 Jahren als Spieler und Trainer immer nah am Ball. Die Spieler in meiner Altherren-Liga in Santa Barbara (Kalifornien) kommen aus vielen Ländern. Es fühlt sich an, als hätten wir jedes Wochenende unsere eigene WM! Unser Mannschaftskapitän stammt aus Kolumbien und meine Mitspieler sind aus Mexiko, Guatemala, El Salvador, Chile, Kroatien, Italien und aus den USA. Im Laufe der Jahre habe ich mit Fußballern aus Japan, Deutschland, England, Frankreich, Schweden, Brasilien, Uruguay, Nigeria, Ghana, Australien und sogar von den Fidschi-Inseln gespielt. Wir haben nicht immer die gleiche Sprache gesprochen, aber wir verstanden alle die Weltsprache des Fußballs!

James Buckley Jr.
Sportjournalist
und Torwart (The Renegades)

STICHWORTVERZEICHNIS